СТРАХ ОД МРАКА

СТРАХ ОД МРАКА

Владан Јовановић

Globland Books

СТРАХ ОД МРАКА

Немој па се не бој
И држи језик за зубима
Говорио ми је отац рукама

Знај да и гора има уши
Читало му се на уснама
Које су увек биле спојене

Покорну главу сабља не сече
Писало му је у зечјим очима
Пре спавања и после буђења

Ја сам песнички занесен
Сањајући излазак сунца
Шаптао у преплашеној шуми

Кад је почело да свиће
Од врлих узгајивача мака
Нисам могао доћи до речи

ВЛАДАН ЈОВАНОВИЋ

ПРОДАВАЧИЦА ВОЋА

Окружена осицама она
Снежним малим рукама
Пребира по воћкама

Две набубреле крушке
Од очврслог чистог злата
Дрхте јој испод кошуље

Осунчани убрани гроздови
Радују се нежном додиру
Лакокрилог руменог лептира

Уморна глава песника
Најрадије би постала
Сазрео плод бостана

О МОРСКЕ ДУБИНЕ

О морске дубине зелене
Ви што кријете успомене
На потонуле бродове
И милујете им олупине
Исплачите ваше плаве сузе
Јер заувек су испариле
Пенасте и беле облине
И ноге и руке Афродитине

О бескрајне морске дубине
Што љубите кости морнара
Оглодане од гладних ајкула
Пренесите им поздраве
Од неутешних острвљанки
Сестара љуба и мајки
Које су упорно махале
За крилатим лађама
Испраћаним са надама
У свевидеће око на небу
И непромашиве топове

О непрегледне морске дубине
Ви што грлите црвене корале
На дну заспале планете
Препуне изгорелих жеља
И лудих коцкастих снова

ВЛАДАН ЈОВАНОВИЋ

> Претворите се у песнике
> И опевајте изгубљне битке
> Тврдо заспалих морнара

МРТВАЦ

Редовно рано устаје
Преспава радно време
После ручка одмах захрче
Чим отвори жуте новине

Увече шета празну бундеву
Успут нахрани очи рибама
И у друштву зомбија
Греје ваздух речима

Кад се појави Месец
И запале се небеса
Сав истопљен у машти
Гледа звезде од стакла

Најзад у стари ковчег
Стави угојен скелет
И сунцу поткрада ноћ
Створену за умирање

МАНЕКЕНКЕ

Осмехнуте шећерне трске
Врцкају се ватреном стазом
Посутом гладним очима

Класови зелене пшенице
Измамљују вреле уздахе
Ломећи танке струкове

Све риба за рибом промиче
Док на обали пуној снова
Зевају празне удице

Голишаве отровне змије
Нуде слепим купцима
Шарене горке јабуке

ЕВА

Направљена од ребра
У хаљини од светлости
С руком у руци Логоса
Приступа свом женику

Наговорена од злога
Узбра забрањену воћку
Наговарајући и мужа
Да крену у долину смрти

Са смоквиног дрвета
Откидоше два листа
И начинише прегаче
Да сакрију голотињу

Изван Рајског врта
Изгнана из вечности
Уживајући у ићу и пићу
Присећа се светлости

ВЕЧЕ

Црвено-жути ћилим
Покрива уморан дан

Велики ватрени сат
Жели лопти лаку ноћ

Неостварени снови
Враћају се у кревет

Између слепих слика
Дозрева слатка воћка

ЂАВО

Из урокљивог ока
Вреба црна змија

На сувом огњишту
Рогата баба зева

У оглувелој земљи
Крекеће црвена жаба

У репатом кавезу
Пијана птица пева

МУКА

Станови за избеглице
Из „лијепењихове" и Босне
И расељена лица с Косова
Јефтини за снаге безбедности
Станови за угрожене мањине
Станови за унуке палих бораца
Станови за самохране мајке
Смештај за страдале од поплава
Сигурне куће за ућуткане жене
Куће као накнада за отету земљу
Станови у којима су умрле бабе
А који служе за вечно издавање
Станови за обездомљене официре
Што су у ратовима носили кецеље

Само некадашњи одлични ђаци
И награђивани најбољи студенти
Са очима поцрвенелим од читања
Рођени и одрасли у срцу Србије
Никад нису имали прилику
Да добију своје мало парче неба

КЕН

Насмејан просед и леп
О свему зна да прича
И баш се у све разуме

Научен у кући и школи
Да реке имају боју крви
Препричава жуте романе

И у цркву воли да сврати
Али ипак му је при срцу
Кућа препуна трулог цвећа

Обожавају га глуви и слепи
Док он обасјан месечином
Самом себи љуби белу руку

ШТАП

Кад је мој отац занемоћао
Користио је дрвени штап
Да би му прича била дужа

При све ређим изласцима
Причао је о једној грабљивици
Која му је кљуцала мозак

Пред очи би му излазила
Језичава бела змијурина
Свијена око његовог врата

Сада док ходам све теже
Приближава ми се очев штап
Одавно украшен тишином

ФАРМА

У розе окреченој штали
Истетовирани бикови
Забављају ошишане овце

Накресани расни коњи
Лажу накинђурене гуске

Један крилати слон
Заводи сањиву рибицу

У тој пакленој јазбини
Сија крпена месечина

Негде око пола ноћи
Зомбији иду на спавање

Само они које мучи несаница
Слушају румено хркање

РЕНТИЈЕР

Када је издао собицу
Гуја му се усели у џеп

Дајући под закуп кућицу
Искоренио је очевину

Изнајмљујући туђи зној
Срце му постаде камено

Уживао је на слободи
Носећи тамницу у себи

Поткрадајући два сунца
Сејао је око себе мрак

На сламарици пуној снова
Среброљубац сања нову пару

КЛИЗАЧИЦА

за Ким Ју-На

На глатком леденом небу
Савитљива слатка трска
Постаје ужарена звездица

Претворена у белу птичицу
Слетајући на лед постаје чигра
У рукама владара свемира

Онемеле задивљене планете
Пратећи омамљујућу вртешку
Смрзавају се од усхићења

На крају чаробне снежне игре
Насмејана косоока пахуљица
Целом свету поклања пољубац

ЗАШТО

Зашто кишу сањаш
Испуцала душо

Зашто крв да љубиш
Изгладнело срце

Зашто небо пијеш
Изгорела надо

Зашто песме пишеш
Осушена руко

ПЕСНИКОВА МЛАДА

И лабуд и голуб
У истом оку спавају

И лето и облак
У устима јој миришу

Зимзелене руке
Песника милују

У месечеву невесту
Све звезде гледају

НЕСАНИЦА

Вештица ђаво и вампир
Играјуврзино коло
На меком белом попришту

И крв и песма и прича
Претворени у камен
Преврћу се у кревету

Очи препуне отрова
Гледају из црне кутије
Начичкане речима

И тако се зла марама
Простире све до извора
Горког плавог шећера

ЛЕТАЧ

У зеленој ватри
Љубио сам облак
Трчећи по небу

У сањиво подне
Из невиног ока
Излила се река

Укротитељ змија
Сву ноћ ме тешио
Због заласка сунца

Кад је освитало
Пијан од песама
Постао сам птица

ПТИЦА

Ми не знамо сећа ли се она
У јајету кад је сунце била
И да ли су зазвонила звона
Кад су небом запловила крила

Иза ње је само плаветнило
Празно место на веселој грани
И наше је око приметило
Да је земља зеленилом храни

Завидимо песнику без пера
Док одлази са реке на реку
И путује без ознаке смера
На обалу за нас предалеку

И док подижемо отежалу главу
Да видимо нови заокрет
Осуђени на проклету јаву
Замишљамо недогледни лет

ТУГА

У оскудици воћа
Коцкице шећера
Умачемо у сирће

Без руменог осмеха
Гутамо црно млеко
Истекло из слепог ока

Мокри од тужне кише
Сушимо гладну кожу
Под обраном смоквом

Потонулу звезду
На дну океана
Сањамо стојећи

У ЛУЦИ

Куда одмаглити ноћас
Миришу дозрели лимуни
Маме ме знојаве црнкиње
Испловио је задњи брод
За Девичанска острва

Оде и лађа за Блиски исток
За њом много и не жалим
Тамо су луде самоубице
Које из љубави према Алаху
Хрле право у наручје шејтану

На Рогу голишаве Африке
Узалуд ме чекају гусари
Могу ми преотети само
Маштање песме и снове
А они су будни и неписмени

Остаје ми само да чувам ватру
И безбрижно очима ћаскам
Са мамурним блудницама
Знајући да ме ујутру чека
Пловидба низ ветар за Хирошиму

РУМЕНА ТУГА

Зашто туга има румену боју
И укус покисле земље
Из које израста сећање
На давно посађену јабуку
Непољубљену зору
И непроспавану ноћ

Зашто река крије место
Које мирише на млеко
Из окупане трешње
И како то да језик
Не може да полети
И ухвати неизговорену реч

ИСТОРИЈА

Попадале звезде
Лутају по Земљи
Тражећи песнике

У сусрет им хрле
Прогледали слепци
Излечени сунцем

Када се додирну
На врху старог копља
Заблиста плава крв

Ископане лобање
Причају о светлости
Мртвих победника

Али у те приче
Нико не верује
Осим сунцокрета

ПОВРАТАК С ПОСЛА

Пијан од неиспаваности
Са лупњавом у ушима
И торбом преко рамена
Кондуктер сишао с воза
Тетура се поред пруге

Деца жена оронула кућа
Рачуни за струју и воду
Невраћен неки стари дуг
И ко зна шта га још чека
У раном промрзлом јутру

Кад другима осване дан
Он се радује кревету
Који једини разуме
Његову земаљску муку
Поклањајући му сан

И док буде овог света
Многи ће се веселити
Одласцима и доласцима
А нечија увек уморна глава
Уживаће само кад спава

ТЕОДОРА

Дугокоса лала
Лака као ветар
Плеше на улици

Шиpeћи ручице
Подсећа на ласту
Спремну за лет

Плавичаст облак
Сишао са неба
Опчињава свет

Кад сунце порасте
Грејаће погледе
Срећноме месецу

КАКО ПРЕЖИВЕТИ НОЋ

Како преживети ноћ
У пустињи без наде
Где све грабљивице
Имају златан кљун

Како преживети ноћ
У шуми где сви вукови
Обучени у јагњећу кожу
Играју Козарачко коло

Како преживети ноћ
У земљи пуној лудила
Где рат није завршен
Иако се топови не чују

Како преживети ноћ
И радовати се јутру
Тамо где су сви снови
Препуни крвавог зноја

ЦРКВА

Антонију Ђурићу

Творци земаљског пакла
Власници туђих живота
Продавци крвавих лажа
Слуге нашег душманина
Покорно клече у храму

Учитељи безбожништва
Превртачи неба и земље
Црвени великодостојници
И њихови верни подрепаши
Тискају се око певнице

Путници из Плавог воза
Усрећитељи глувонемих
Станари отетих дворaца
Оседели и непокајани
Чекају у реду за причест

Излетевши из богомоље
Згрожен оним што видех
Одјурио сам у Кућу цвећа
Да испод мерменог стећка
Упокојим пегавог вампира

ПРВИ МАЈ

Хлеб од камена
Умешен знојем
Мирише на сузе

Печена на сунцу
Кора од храста
Спава на длану

Две црне трешње
Сањају о срећи
Залуталој на путу

Само суво грло
Песмом на уранку
Лечи гладну рану

МАГЛА

Израњављени дођосмо
На обалу пуну звезда
Заробљених у нама

У срцу нам плива сунце
Које одлази на небо
Кад напишемо песму

Ожеднели крај извора
Прогутасмо шарен језик
И лутамо у црвеној магли

И уместо златни цвет
Који нам баш боде очи
Цео дан беремо мрак

БЕКСТВО

Бежим у оно време
Кад су шуме биле девице
И кад је с неба падало вино

Бежим у онај простор
Где је ваздух чист као суза
Исплакана из дечјег ока

Бежим у ону стварност
Која се излива из срца
Девојака док везу цвеће

Бежим у оне песме
Које скривају лепоту
Уклесану у мрамору

ДАН МЛАДОСТИ

Напирлитани мртвац
Закекечен у ложи
Руга се слепој земљи

Намирисани ловац
Уморан од убијања
Заудара на младу крв

Станар отетог Двора
Заљубљен у свој лик
Жели да победи смрт

Змија у белом оделу
Залуд тражи кошуљу
Какву има само Бог

РАТ

Причала ми је баба по оцу
Како је било за време рата
У нашем моравском селу

Дражини су чували народ
Јели пили и мало се крили
Чекајући краља и Енглезе

Врло ретко би наишли Немци
Били су врло фини и љубазни
А црвених нигде није било

Спрем'те се спрем'те четници
Одјекивало је целим сокачетом
Кад Ленинац[1] крене у ашчилук

Једног кобног јесењег дана
Одједном неко с пута повика
Беж'те наши ево партизана

---

[1] Добривоје Јовановић-Ленинац, син Милоша и Лене, најпознатији ашчија у селу Катрга.

СЕНКА

Очи је имао и на потиљку
Уши су му биле као у миша
Ходао је обавијен маглом

Под прекорним погледима
Стално би се присећао
Кад је мајку ујео за дојку

Током Збора радних људи
Кад би се чуло његово име
Гутљај воде био би му лек

Живео је као товарни коњ
Са самаром пуним брига
На увек жуљевитим леђима

Кад је преметнуо светом
Сахранили су га у сенци
Старог зимзеленог дрвета

ПОКИСЛА ПТИЦА

Покисла птицо коме певаш
У улици која преспава дан
Ти што позлаћујеш камен
И невидљиво улећеш у сан

Слети наврх споменика
Поклони се глувима и деци
И реци превареној земљи
Узалуд су потрошени меци

Ако ти приђе бар један слеп
И скрушено ка теби крочи
Опрости му заблуде луде
И сипај му кап сунца у очи

Покисла птицо и даље певај
А једне ноћи кад одлети пас
Цео град ће се пробудити
И славити мртвог славуја глас

СПОЈ

за Љ.К.

Никад стићи нећемо до краја
Избројати пољупце и сузе
И изласке сунца из наших очију
Јер нас жар вечерњи спаја

Док једемо трешње из суђеног маја
Завидеће звезде укусу тог воћа
Занемеће цвеће и застаће воде
Јер нас жар вечерњи спаја

Ако залутамо на стази до раја
Руке ће нам бити позлаћени снови
Између камења утећи ће змија
Јер нас жар вечерњи спаја

А кад дан остане без жутога сјаја
И сви сунцокрети буду покошени
Претворени у прах остаћемо будни
Јер нас жар вечерњи спаја

ЗМИЈА У ПЕСКУ

После крваве кише
Носи жуту мараму
И пљује плаву крв

Кад јој је умро цар
Посадила је у срце
Покојни бели цвет

Седећи на ушима
Оштри вунен језик
Отрованим речима

Појела је све птице
И исплазила зле очи
На закопано сунце

ПЕСНИЦИ УМИРУ ПЕВАЈУЋИ

Несхваћени од богова и људи
Кроз цео живот хрле лутајући
И лове речи мутне а чим сване
Песници тихо умиру певајући

Заљубљени су у крилате зоре
Снове крпе звезде хватајући
А када им дуга излети из ока
Песници тихо умиру певајући

Гром им свира лаку успаванку
Са вилама горко коло играјући
У хладовини од зелених облака
Песници тихо умиру певајући

У времена слепих сунцокрета
Земља вене наглас кукајући
На даскама мртвог позоришта
Песници тихо умиру певајући

МЕДЕЈА

О краљевска кћери
Чуварице Златног руна
Помисао на твоје чари
Опија ме као старо вино
У сновима к теби веслам
На уснама мојим спаваш
Од хлеба и крви круно
Ти змијо на мом језику
Појешћу те као наранџу
Убрану усред Колхиде
Ја Јасон без Аргонаута
Осуђен на сањарење
Бесмртност је у речима
Постоји истинска лепота
Доступна једино Ахилу
А ми јунаци лудих ноћи
И робови крхког времена
Исплакујемо црно море
Претворено у лепљиве речи

ПРОКЛЕТСТВО

О воћко нељубљена
Без сјајног додира
Расцветалог метка
Где ти је слатка рана

Недодирнути цвете
Сав умазан сузама
Ко да ти брише гној
С вечито тужног лица

Сан свезан ланцима
Од бескрајног мрака
Узалуд чека зорњачу

Нико никада неће
Пробудити топлоту
Заспалу у прстима

ЧЕЖЊА

Крај реке чекам звезду
Заспалу у мојим очима
И намирисану лавандом
Што успева на острву

Осмех је њен лековит
Као чаша кобиљег млека
Намењена детенцету
Рођеном као недоношче

Руке су јој попут крила
Невине и тужне птице
Којој је северни ветар
Одувао пролећне снове

Крај реке чекам звезду
Расплинуту у месечини
А знам да ћу је љубити
Кад ми језик буде змија

ОБРЕДНИ САН

У Асклепијевом храму
Заспах опијен надом
Да опет постанем млад

Усред сладострасног сна
Бог скривен иза облака
Упита ме шта сам пожелео

Волео бих да као некада
У мом оку сунце не залази
И да ми језик стигне птицу

Настави да пишеш песме
Зажубори ми у ушима
Као сребрни планински поток

ЈЕСЕН

Прекинут жути сан
Обећава долазак
Црвене и златне кише

Космички слепи сликар
Просипа дугине боје
На уморну отежалу земљу

Пробуђен шарени ветар
И румен девојачки осмех
Путују на сеоски вашар

А нека мокра туга
Притисла меко небо
Које не види нико

КУД НАС ВОДИ...

Куд нас води ова модра јесен
Пијане од златних свитања

Сунце нас напушта полако
Нек му је срећан вечити круг

Огромна пламена јабука
Плива сад у туђим очима

Смрзнуће се у нашем сну
Надолазећа бела вештица

Куд нас води ова сива јесен
Онемеле од плавих песама

АСТРАЛНИ ПУТНИК

Летим и не мислим икад стати
На врху Парнаса није лако бити
И у стиху бисер као шкољка крити
Ко без једра плови њега ватра прати

На станишту богова увек ветар дува
И отров је стално притајен у крви
Ту најлепше песме слатко жваћу црви
Само делић сунца успомену чува

И покривен небом до суђеног сата
Гледаћу у зоре и слушаћу птице
И музе ће бити моје љубавнице
А у сну ћу грлити јабуку од злата

Ако ипак сиђем са Светога брда
Понећу са собом звезде и облаке
И казаћу стаду језиком без длаке
Ево погледајте бика изван крда

ЧОВЕК

Број бебе у породилишту
Број протокола у крштеници
Број у школском дневнику
Број у сведочанству и индексу
Некадашњи број војне поште
Број здравствене књижице
Број у (не)радној књижици
Кућни број и нумера стана
Број у телефонском именику
Број мобилног телефона
Број решења за одлазак у пензију
Број из књиге умрлих
Број парцеле на гробљу
У којој векује бивши Број

НЕДОВРШЕНА НОЋ

О недовршена ноћи
Истакла си белу заставу
Таман кад су дозревали
Лимуни наранце и снови
Обећани срећнима на јави
Остадох мокар и уморан
Ја Тантал и Сизиф у једном лицу

О ноћи пуна мириса
Испод пазуха Еуридике
Оставила си славуја
Који је желео без крила
Да скаче с планете на планету
Јер друкчије не би могао
Да напише песму
Разумљиву само за птице

О крвава развратнице
Са плавим лицем прељубнице
О проклета недовршена ноћи

Једном кад будем осетио
Укус пољупца у загрљају сунца
Осветићу ти се за све несанице
Прогутаћу твоје црне звезде
О недовршена ноћи бестиднице

ВЛАДАН ЈОВАНОВИЋ

СТРАХ ОД МРАКА

ДОДАТАК

ВЛАДАН JOВАНОВИЋ

НА ПРОКОП'ЈЕ

На Прокоп'је двадес' првог јула
Прође Милан, а с њиме и Јула.
С њима је и Пера па им рече:
„Гле, с ким стоји Вера?!"
Блажо ћути, па им онда рече:
„Није њима ово прво вече!
Знај да сада њима није лако,
него вози та кола полако."
Јула виче: „Притегни сирену!
Знаш л' да има он код куће жену?
Кући жена мора да је љута,
чим он стоји са другом крај пута?!"
Кад би петак баш пред само вече,
Јула Јели баш овако рече:
„Твој Милан често некуд лута,
чим он стоји са другом крај пута.
Док ти чуваш краве крај Црепане,
А он старе позлеђује ране."

Милан Јовановић-Бокичинац,
Катрга (1932—2012)

БЕЛЕШКА О ПЕСНИКУ

Владан Д. Јовановић рођен је 14. фебруара 1959. године у Чачку. Одрастао је у Мрчајевцима, Катрги, где је проводио школске распусте, и Чачку (Љубићу). Претходно је објавио збирке песама: *Витез са лиром* (2002), *Пси са педигреом* (2004), *Крв мртвог песника* (2006), *Месечев брат* (2008) и *Изнад Хималаја* (2009). Живи у Чачку. Осим поезије, пише приче и мемоарску прозу.

САДРЖАЈ

СТРАХ ОД МРАКА..................1
ПРОДАВАЧИЦА ВОЋА..................2
О МОРСКЕ ДУБИНЕ..................3
МРТВАЦ..................5
МАНЕКЕНКЕ..................6
ЕВА..................7
ВЕЧЕ..................8
ЂАВО..................9
МУКА..................10
КЕН..................11
ШТАП..................12
ФАРМА..................13
РЕНТИЈЕР..................14
КЛИЗАЧИЦА..................15
ЗАШТО..................16
ПЕСНИКОВА МЛАДА..................17
НЕСАНИЦА..................18
ЛЕТАЧ..................19
ПТИЦА..................20
ТУГА..................21
У ЛУЦИ..................22

САДРЖАЈ

РУМЕНА ТУГА...............23
ИСТОРИЈА...............24
ПОВРАТАК С ПОСЛА...............25
ТЕОДОРА...............26
КАКО ПРЕЖИВЕТИ НОЋ...............27
ЦРКВА...............28
ПРВИ МАЈ...............29
МАГЛА...............30
БЕКСТВО...............31
ДАН МЛАДОСТИ...............32
РАТ...............33
СЕНКА...............34
ПОКИСЛА ПТИЦА...............35
СПОЈ...............36
ЗМИЈА У ПЕСКУ...............37
ПЕСНИЦИ УМИРУ ПЕВАЈУЋИ...............38
МЕДЕЈА...............39
ПРОКЛЕТСТВО...............40
ЧЕЖЊА...............41
ОБРЕДНИ САН...............42
ЈЕСЕН...............43
КУД НАС ВОДИ...............44
АСТРАЛНИ ПУТНИК...............45
ЧОВЕК...............46
НЕДОВРШЕНА НОЋ...............47
НА ПРОКОП'ЈЕ...............51

БЕЛЕШКА О ПЕСНИКУ...............53

Владан Јовановић
СТРАХ ОД МРАКА

London, 2023

Лектор и рецензент
Љиљана Ковачевић

Издавач
Globland Books
27 Old Gloucester Street
London, WC1N 3AX
United Kingdom
www.globlandbooks.com
info@globlandbooks.com

Насловна фотографија
Eric Pedersen Torales
(https://unsplash.com/photos/dFhkaRK8kr4)

www.ingramcontent.com/pod-product-compliance
Lightning Source LLC
Chambersburg PA
CBHW052208110526
44591CB00012B/2122